全新版

華語

第八冊

流傳文化事業股份有限公司
http://www.chlearn.com

編輯要旨

一、本書為適應世界各地華僑學校需要而編寫，全書共分十二冊，提供世界各地華僑小學、中學使用。各地區可因應個別需要，一年使用一冊或二冊，教材設計上，也儘量符合這二種需求。

二、本書課程設計，採「語」「文」並重；選擇在「第二外國語言」和「本國語文」中找出一個平衡點。每一課的「語文活動」中，大都有「對話練習」，滿足語言在日常生活的應用需求；每課課文，又充滿了文學、文化的趣味性與人文關懷。

三、本書重視語言文字的統整學習。每課的語文活動，將文字的形、音、義、詞語、句型、章法等，系列地歸納出概念原則，幫助孩子快速有效的學習。在教學指引中，更設計生動活潑的語文遊戲，為孩子的學習帶來歡笑。

四、本書為使學生能學習最正確的華語，編寫時特別採用「國語注音符號」。附錄中對每課生字、新詞均附通用拼音、漢語拼音及英文解釋，以供參考。

五、本書所用生字，至第六冊約為八百字，至第十二冊約為二千四百字，按教育部編「常用兩千八百字彙編」的字頻編寫。字由淺而深，在課文或語文活動、習作中，有反覆練習的機會；並且用淺白的文字和圖畫，系統性、趣味性的介紹文字，以此策略，幫助孩子大量識字。至於生字的注音，儘量不用變調、兒化韻，以降低學生學習困擾。必要的變調，如哥哥ㄍㄜ•ㄍㄜ，文中會注變調；生字中注本調。

六、本書三課組成一單元，以收單元教學效果。但為配合僑校學生每週上課一次，所以每課都設計相關語文活動，包含聽、說、讀、寫的語文技能，做為說話課和作文課的輔助教材，以幫助學生思考、溝通及書寫的能力。每冊並附教學指引一本及習作本二本。

全新版華語 第八冊

第一單元 毅力

第二單元 思考

一 半腦的女孩

從外表看來，十五歲的克莉絲汀，和一般美國女孩沒什麼兩樣。她聰明活潑，熱愛運動；而且還是個學期平均成績九十四點七分的好學生。不過讓人感到意外的是：她只有半邊腦子。

根據美國廣播公司（ABC）網站報導，克莉絲汀在八歲那年得了很少見的一種腦炎。當病痛發作時，從頭到腳全身不停的發抖，不停的吐。醫生建議她做大腦半球切除手術，不然的話，除了每天病痛，她還會漸漸半身不能動。然而，就算醫生開刀能成功，克莉絲汀還

吐ㄊㄨˋ 炎ㄧㄢˊ 導ㄉㄠˇ 司ㄙ 播ㄅㄛˋ 據ㄐㄩˋ 績ㄐㄧ 均ㄐㄩㄣ 潑ㄆㄛ

是有可能發生左半邊身體不能動，左眼看不見的情形。她和媽媽很害怕，無法接受開刀的建議，醫生只能繼續用藥來幫忙她。

漸漸的，她病情發作的次數日益增加，一天竟然有一百五十次左右。這種痛苦的日子，讓她寫信給醫師：「我不願過這種日子，……我要開刀。」

手術動了十四個小時。九週後，她回到學校上課，左手下垂，左腿無力。但靠著不斷的運動，現在她不僅能正常生活，同時還是學校的保齡球校隊呢！

建ㄐㄧㄢˋ 議ㄧˋ 算ㄙㄨㄢˋ 益ㄧˋ 增ㄗㄥ 垂ㄔㄨㄟˊ 齡ㄌㄧㄥˊ

繼ㄐㄧˋ 續ㄒㄩˋ

對話練習：我有信心

老闆：你會打字嗎？

女孩：會的，我每分鐘可以打八十個字。

老闆：你會文書處理嗎？

女孩：我沒有經驗，不過，只要有人教我，我有信心很快會做好。

老闆：你爲什麼這麼年輕就出來找工作呢？

女孩：我已經二十歲了。由於我的父母過世，我需要幫助弟妹讀書，所以我先來工作。

老闆：原來如此。（想了一想）你有什麼宗教信仰呢？

女孩：沒有，我沒有信仰任何宗教。

老闆：哦！（老闆想了很久，終於……）對不起，我們公司不請沒有宗教信仰的人。

女孩：（好失望，但鼓起勇氣……）雖然我沒有宗教信仰，可是已經過世的雙親卻一直活在我的心中。我常常想念他們，並告訴自己不可以做出讓父母傷心的事情。

老闆：你很孝順，並且相信自己能做到讓父母光榮的事，我願給你這個工作的機會。

認識字形

「岡」和「罔」在古時候是同一個字，寫成隸書時才變形。到了楷書，一個下面是「山」，一個是「亡」。

認識句子：遞進複句

一個句子如果有兩個或兩個以上的分句，後面的分句，比前面的分句有更進一層的意思。

她聰明活潑，熱愛運動；而且還是個學期成績平均九十四點七分的好學生。

她病情發作的次數日益增加，一天竟然有一百五十次左右。

現在她不僅能正常生活，同時還是學校保齡球校隊呢！

二 我還擁有

對一般人來說，擁有平凡的生活，擁有太太，擁有小孩，是再平常不過的事。但是對獨腳、獨眼，又沒有雙手的中年男人謝坤山而言，這實在是一個不可能的任務。

謝坤山小時候家裡很窮困，國小畢業就到工廠做學徒。十六歲那年，一場電擊的意外，讓他失去了雙手和一條腿，後來又失去眼睛。他說：「我不去想我失去了什麼，只想自己還擁有什麼。」面對自己的不幸，他沒有對上天表示：「不想玩下去。」反而開心的學到嘴巴的許多功能。

凡ㄈㄢˊ 獨ㄉㄨˊ 畢ㄅㄧˋ 廠ㄔㄤˇ 徒ㄊㄨˊ 擊ㄐㄧ 睛ㄐㄧㄥ 濕ㄕ 痕ㄏㄣˊ

他試著用嘴咬筆寫字、畫畫，口水滴濕了整張紙，但這只是小事，可怕的是筆的另一端，把嘴刮出無數的傷口。一年三百六十五天之中，他有三百天以上嘴裡傷痕累累。平常維持兩、三個破洞是正常的，嚴重時，甚至有六、七個傷口。哪怕是這樣，他還是把筆咬得緊緊的。

在名師的指導和自己的苦學下，謝坤山贏得很多全國性的繪畫大獎，贏得一個善良的女孩願意嫁給他，最後也贏得自己的終身幸福。

數ㄕㄨˋ　維ㄨㄟˊ　贏ㄧㄥˊ　獎ㄐㄧㄤˇ　善ㄕㄢˋ　良ㄌㄧㄤˊ　嫁ㄐㄧㄚˋ

對話練習：石佛和馬路小英雄

雕刻師：白石頭，你是一塊很好的材料，你可願意讓我把你刻成一件藝術品？

白石頭：好呀！成爲藝術品是一件很榮幸的事。

（雕刻師拿起工具，開始用力敲打。）

白石頭：哎呀！好痛啊！我受不了了！

雕刻師：你不要再忍耐一下嗎？

白石頭：不！不！我再也不要接受這種痛苦！

雕刻師：唉！（背著手離開）

（過了兩個月，雕刻師想起他還有一塊灰石頭，就搬出灰石頭。第一下敲下去，沒有聲音，第二下再敲下去，還是沒有聲音，雕刻師終於把灰石頭雕成一尊石佛。）

灰石頭：感謝師父對我的珍愛，我才有機會成爲一尊石佛。

（佛被請到廟裡被人供奉，路經一段馬路，遇見白石頭。）

白石頭：我的命不好，被人買來鋪在這裡當馬路，眞倒楣啊！

灰石頭：其實我被人供奉在上，每天有鮮花水果，都得感謝你，要不是你放棄這個機會，我哪有今天呢？

白石頭：嗚……，現在，我每天被人、車踐踏，被貓狗尿尿和大便，我好後悔，嗚……。

灰石頭：當個馬路小英雄也一樣爲人服務啊！阿彌陀佛！

認識文體：記敘文

記敘文是描寫「人」、「事」、「時」、「地」、「物」發生的事情。記敘的方式，有的是按照時間發生的先後，依序寫下來。例如本課寫謝坤山：從「小時候」、「國小畢業」、「十六歲那年」，到「贏得善良的妻子」，是按照時間的變化來寫。

有的是從事情的發生和解決的方法來敘述。例如第四課大禹治水，鯀是用「建築堤防」的方法，大禹用「觀察到兩岸的泥沙……」、「把塞住的河道挖開、挖深……」、「在主流外挖很多條水道……」。這是按照事情的解決來敘述。

按照一定的順敘去寫，文章會更有條理。

認識字形

看看每一組字，哪些部分相同，哪些不同。

府

- **俯**：俯衝、俯看。
- **腑**：五臟六腑。
- **腐**：腐爛、腐敗。

䍃

- **搖**：搖鈴、動搖。
- **遙**：遙遠、遙控。
- **謠**：歌謠、謠言。
- **瑤**：瑤池仙境。

隹

- **推**：推行、推開。
- **維**：維持、維護。
- **帷**：帷幕、門帷。
- **惟**：思惟、惟恐。

三 他永遠年輕

楊爺爺已經八十多歲了。七十歲時，他才開始學習攝影，拍攝過百來張翠鳥照片，就連專業的行家都自嘆不如。

翠鳥最令人折服的本事是潛水捕魚。從俯衝、入水、獵取、收翅、浮水、振翅到飛離水面，大約只須一秒的時間。一般人要拍到牠停留或銜魚吞食的畫面尚且不容易，更何況拍到牠潛入水底咬魚的畫面。楊爺爺做到了，他是如何做到的呢？

秒 ㄇㄧㄠˇ　須 ㄒㄩ　振 ㄓㄣˋ　取 ㄑㄩˇ　衝 ㄔㄨㄥ　俯 ㄈㄨˇ　折 ㄓㄜˊ　專 ㄓㄨㄢ　翠 ㄘㄨㄟˋ

楊爺爺在公園中原有的池塘裡，用泥土圍出一個小池塘，裡面有樹枝，也有小魚。接著他固定一個密不透水的透明攝影箱，在翠鳥俯衝的前一秒，他以遙控按下快門。

翠鳥捕食的照片，生動美麗的展現了生命力。楊爺爺水中攝影的精神與技巧，讓他個人的生命力不斷重現，也藉此告訴世人：只要你願意，生命裡充滿了無限的驚奇。

銜ㄒㄧㄢˊ　泥ㄋㄧˊ　固ㄍㄨˋ　透ㄊㄡˋ　遙ㄧㄠˊ　控ㄎㄨㄥˋ　巧ㄑㄧㄠˇ　攝ㄕㄜˋ　藉ㄐㄧㄝˋ

語文活動三

對話練習：我學會了

徒弟：感謝師父的教導，跟你這麼多年，我學會了很多本事，現在我想出去自己做。

師父：哦！你學會了，你怎麼知道你學會了呢？

徒弟：我已經學夠了。

師父：什麼是學夠了呢？

徒弟：夠了就是滿了，已經沒有東西可以再學了！

師父：請你在走之前，裝一盆石子到我面前吧！

（小和尚從外面端進來一盆石子。）

徒弟：來了！來了！這是一盆滿滿的石子。

師父：（抓了好幾把砂，灑入盆裡。）滿了嗎？

徒弟：滿了！滿了！（有一些驚訝！）

師父：（再灑入幾把石灰）滿了嗎？

徒弟：滿了！（心虛的回答）

師父：（順手又倒了一碗水進去，笑一笑的問。）滿了嗎？

徒弟：……怎麼會是這樣呢？（很惶恐）師父，我自以爲很棒，請原諒我，讓我再繼續跟你學吧！

用文字拍卡通

卡通動畫很令人著迷，那是因爲它把無數靜態的圖片連續播放，造成了動畫的效果。寫文章時，如果也能詳細的把每一個細微的動作連續的描述出來，就很有動感，讓人很感動。

翠鳥潛水捕魚

翠鳥俯衝、入水、獵取、收翅、浮水、振翅到飛離水面，只花了一秒時間。

翠鳥像砲彈似的俯衝入水中，抓取到獵物後，說時遲那時快，牠立刻收緊翅膀，浮出水面，拍了拍翅膀，將勝利物挾持到空中，這只花了牠一秒鐘！

他投籃很準

他投籃動作中最讓人稱道的是「鉤射」。通常他投球的出手點很高，球的弧線很大；加上他的基本動作很強，所以出手前會做出一個漂亮的假動作來掩護；等到他跳起鉤射時，對手還來不及跳起來，他已全身躍起，一個漂亮的弧線畫過天際，「刷」的一聲，破網得分，對手傻在那裡。

請模仿這個方法，寫一段有關動作的短文，例如：割草、煮道菜。

四 大禹治水

大禹是中國古時候最早治好黃河的工程師。

黃河是中國的第一大河。帶著石頭和泥沙的黃河，很容易就把河道堵塞起來，河水滿了出來，到處亂流，淹沒了老百姓的房屋和田地。大禹的爸爸鯀，治水好幾年，卻都沒有明顯的效果。原來，他是用建築堤防的方法，來防止水淹出來。堤防剛築好後雖然有一些效果，但是過了一段時間，河水又會超過堤防，將田地和房屋沖走！

大禹接替爸爸治水的工作。他仔細的研究：爲什麼黃河不向前流，反而沖向河岸兩邊呢？他

程 ㄔㄥˊ　堵 ㄉㄨˇ　塞 ㄙㄞ　亂 ㄌㄨㄢˋ　淹 ㄧㄢ　姓 ㄒㄧㄥˋ　顯 ㄒㄧㄢˇ　築 ㄓㄨˊ　堤 ㄊㄧˊ

觀察到兩岸的泥沙會不斷的堆在河道上，河道變淺了，水就容易漲起來。因此，他請人把塞住的河道挖開、挖深。大雨來了，起初河水都沒滿出來，可是幾天後，地勢較低的地方還是淹水了。

大禹又想：如果只有一條河道，大水一下子積在一起，流不出去，當然就會有水災。要是能有更多的水道接到大海，水就可以加速加量流向大海。因此，禹又請人在主流外挖很多條水道，將黃河分流到大海，終於把黃河的禍害消除了。

沖 ㄔㄨㄥ　替 ㄊㄧˋ　岸 ㄢˋ　淺 ㄑㄧㄢˇ　挖 ㄨㄚ　勢 ㄕˋ　災 ㄗㄞ　禹 ㄩˇ　鯀 ㄍㄨㄣˇ

小小劇場：李春造橋

時間：隋朝

地點：河北省趙縣

人物：李春（造橋工人）、師兄、師母

師兄：李春，我們的師父生病了，我們趕快去看他吧！

李春：糟了，河水漲起來了，我們根本過不去。怎麼辦？

師兄：唉！過幾天，等河水退了再去吧。

（過幾天，河水退了，李春和師兄到師父家。）

師母：嗚！你們來晚了，你們的師父已經去世了。

師兄：都是大水害我們見不到師父最後一面。

李春：我一定要造一座橋，讓每個人都能過河。

（於是，李春跑到山上觀察河水，發現河水流得又快又急。他怕橋墩還沒造好，就先被大水沖走了。李春把想法告訴師兄。）

師兄：也許，我們造一座圓拱橋，就不怕橋墩被沖走了。

李春：好主意，不過橋得造得扁平一點，車子和人才好走呀！

師母：造一座橋要幾年，每年夏天的大水，都會把造好的橋沖壞，你們想過這個問題嗎？

李春：我們可以把橋分成好幾道，一次只建造一道，就算其中一道被沖壞，也不影響安全啊！

師兄：眞是好主意！可是太多道的橋太重了，我們最好在橋的兩端各開兩個洞來減輕重量！

李春：太好了！橋洞還可以在大水時讓洪水穿過去，這樣就不會把橋沖壞了。

師母：好！我們決定一起來造一座橋吧。

（經過十年辛苦的工作，趙州橋造好了，到現在還非常的完好！）

認識句子：選擇複句

選擇複句是用兩個分句，分別說出兩件事情，再從中間選擇一件。表示選擇的關連詞語有「或者」、「還是」、「要麼」、「寧可」、「還不如」、「與其……不如……」、「不是……就是……」、「寧肯……決不……」。

★ **與其**過這種痛苦的日子，**不如**請您幫我開刀好了。

★ **不是**爬山，**就是**坐纜車。

★ **要麼**自己煮飯，**要麼**我們上餐廳去吃飯。

寫一寫

同一組詞語意思一樣嗎？是的打「✓」。

- 大禹請人把塞住的河道挖開。
- 明天要正式挖開地道呢！

- 石頭和泥沙把黃河堵塞的很嚴重。
- 因爲是年假，交通堵塞的很厲害。

- 這棟大廈的建築很美觀。
- 他們打算在這裡建築理想國。

五 什麼方法最好

巴布先生擁有一棟漂亮的房子，不妙的是，房子布滿從屋旁大樹飛來的小蟲。天冷的時候，小蟲會跑進屋子裡，大家都很討厭。蟲怎麼會聚集到家裡呢？要怎麼趕走蟲子呢？

大兒子說：「乾脆把樹砍了。」

女兒說：「樹倒下來會不會壓到屋頂？」

太太說：「砍倒一棵樹是沒有用的，附近樹上的蟲還是會飛來。況且，這樹是鄰居的財產。」

「我們利用晚上偷偷的砍呀！」兒子說。

大家都反對兒子所提的意見。

棟ㄉㄨㄥˋ 討ㄊㄠˇ 厭ㄧㄢˋ 集ㄐㄧˊ 砍ㄎㄢˇ 壓ㄧㄚ 鄰ㄌㄧㄣˊ 財ㄘㄞˊ 毒ㄉㄨˊ

女兒接著建議，請除蟲公司來毒死這些蟲子。兒子提出反對意見：「萬一蟲子又回來了呢？」沒錯，就是這麼一回事！以前就是這樣對付螞蟻的，螞蟻真的又回到牠們的老巢穴。

巴布先生說：「我去請教昆蟲專家吧！」沒想到專家的建議是：試著喜歡這些蟲子吧！這下巴布先生也不知如何是好。女兒說：「我們搬家吧！」巴布先生搖搖頭：「搬家太貴，再找的房子或許也有問題，而且房子這個樣子，恐怕也無法脫手了！」巴布太太靈機一動，說：「這附近的房子，好像有的沒有蟲害呀！」

這一家人花了一些工夫做比較，終於找出原因了。原來，蟲子喜歡白色或淺色的房子。他們重新將房子漆成深色，果然解決了問題。

付 ㄈㄨˋ　螞 ㄇㄚˇ　蟻 ㄧˇ　巢 ㄔㄠˊ　穴 ㄒㄩㄝˋ　漆 ㄑㄧ　決 ㄐㄩㄝˊ

對話練習：怎麼做最好？

徒弟：師父，好久不見了，徒弟今天特地來看您。

師父：有什麼問題嗎？

徒弟：沒有！沒有！由於師父出色的教導，現在我已經是雕刻的好手了，很多人找我雕刻呢！

師父：你比較滿意的作品是什麼呢？

徒弟：我專門雕刻廟前的龍鳳柱！作品很受歡迎。不過……

師父：發生了什麼事？

徒弟：最近，我雕刻花鳥柱時，只要雕刻到鶴腳就會失敗！

師父：你雕鶴腳時喝茶了嗎？

徒弟：沒有。

師父：休息了嗎？

徒弟：沒有！我一直聽從您的教導，工作時要很認眞啊！

師父：（笑一笑）徒弟，做事是要有方法的。你知道鶴腳很細小，你工作很認眞不休息，石頭就會過熱而碎掉，鶴腳也就斷掉了！

徒弟：原來如此！謝謝師父指點迷津。

認識文體：順敘和倒敘

文章按照事情發生的時間、地點，用一定的順序寫出來，可使文章條理更清楚，這樣的寫法是「順敘」。但是，有時候要讓文章有變化，或要吸引人注意，會將最後發生的事，提到前面來說，引起別人的好奇，這樣的寫法，叫做「倒敘」。

例如：第三課「他永遠年輕」，先說楊爺爺八十歲了，他拍的翠鳥生態照片很有名，再往前推到七十歲時，如何學習拍照。在第一課「半腦的女孩」，也是先說十五歲的克莉絲汀和一般女孩一樣，但往前推，她有一段不平凡的過去，令人動容。

如果把本課「什麼方法最好」的課文改成倒敘，第一段的文字你會怎麼寫呢？

六 夏威夷不種鳳梨

夏威夷島上生產的鳳梨，曾經銷售全球各地有六十年的歷史，也爲杜爾公司賺了不少錢。一九九一年以後，他們放棄了鳳梨的生產。

因爲，工人在夏威夷採收鳳梨的工錢，每小時要八點二三美元。相反的，在泰國，工人的成本不到零點九美元。假如要維持市場的競爭力，夏威夷的工人生產力必須是泰國工人的九倍。當然，這是不可能的事。

不種鳳梨，夏威夷有沒有更好的發展呢？答案是肯定的。夏威夷有溫暖的氣候，美麗的海灘，熱情的人民，發展觀光業，可以讓採收鳳梨的工人，變成親切可愛的旅遊服務員。

威ㄨㄟ 鳳ㄈㄥˋ 島ㄉㄠˇ 曾ㄘㄥˊ 銷ㄒㄧㄠ 售ㄕㄡˋ 歷ㄌㄧˋ 杜ㄉㄨˋ 棄ㄑㄧˋ

夏威夷人的生活過得更好了！

找出自己的優點來發展，我們的明天變得更美好。

優ㄧㄡ　員ㄩㄢˊ　案ㄢˋ　倍ㄅㄟˋ　競ㄐㄧㄥˋ　零ㄌㄧㄥˊ　採ㄘㄞˇ

對話練習：千里馬

謝仁：好馬！好馬！我的馬是一匹跑千里的好馬，便宜賣呵！

買馬人：你的馬雖然長得很高，可是瘦巴巴的，誰會相信牠是匹千里馬？

（馬市場突然一陣吵聲，原來識馬的名師——伯樂來了，大家都圍著他，希望得到他的賞識。伯樂走進來看了看，走近謝仁的馬。）

伯樂：這是你的馬嗎？（靠過去，拍了幾下馬身，繞著馬走兩、三圈，就離開了。）

（第二天，謝仁到伯樂家拜訪。）

謝仁：我的馬賣掉了。

伯樂：那是一匹千里馬，你賣了多少？

謝仁：先生您走後，好多人圍過來搶買那匹馬。我賣了八百金。

伯樂：那匹馬至少值兩、三千金，你怎麼得到牠的？

謝仁：牠就是年前先生在太行山下，您遇到的，幫農夫拉鹽的馬呀！

伯樂：難怪我有些眼熟，當時我告訴農夫要好好善待牠的啊！

謝仁：種田的人是聽不進這些話的，他五十金賣給我。

伯樂：既然知道牠是好馬，爲什麼不好好調養牠？

謝仁：爲了養牠，我吃不少苦，現在我要回鄉，缺錢哪！如果不是先生的幫忙，我已經賣三天了，沒人要買牠。

伯樂：唉！眞可惜！

謝仁：今天特地來謝謝您，因爲除了先生外，誰會相信牠是千里馬呢！

（謝仁走後，伯樂的心又沉重起來了。被帶走的千里馬以後雖然不必拉鹽車，但是牠的才華能發展嗎？）

認識字形

「干」的頭是「橫」，「千」的頭是「丿」。

干

刊：刊物、週刊

舌：舌頭、舌尖

甜：甜美、甜蜜

汗：汗水、汗馬功勞

千

仟：一仟、五仟

括：包括、括弧

刮：刮除、刮目相看

活：生活、活潑

說：說話、悄悄話

認識句型：總分總句

夏威夷有更好的發展（總句）。因爲夏威夷有溫暖的氣候（分句），美麗的海灘（分句），熱情的人民（分句），發展觀光業，可以讓採收鳳梨的工人，變成親切可愛的旅遊服務員（總句）。夏威夷人的生活過得更好了！

這是總分總的句子，用這個方法可以幫助我們文章寫得充實又有說服力。現在請仿照這個方法寫出總分總句。

例：姐姐會是一位好老師。因爲……

七 舞動人生

在英國北部鄉下的一戶人家，爸爸和大兒子東尼是礦工，小兒子比利只有十一歲。媽媽在比利八歲時過世，一家人過著窮苦的日子。

家裡再窮苦，爸爸還是想辦法讓比利學拳擊，比利卻把學拳擊的費用拿去學跳芭蕾舞。因爲他喜歡跳舞，他覺得在跳舞時，整個人彷佛一隻飛鳥，一股電流，快活極了。爸爸知道了又驚嚇又憤怒，便不准他去跳舞。

教芭蕾舞的金老師覺得比利有跳舞的天份，決定偷偷的教他，準備讓比利參加芭蕾舞學院的甄試。爸爸知道了，把金老師罵了一頓。

耶誕節的晚上，比利邀請他的好朋友一

鄉ㄒㄧㄤ　礦ㄎㄨㄤˋ　拳ㄑㄩㄢˊ　費ㄈㄟˋ　彷ㄈㄤˇ　佛ㄈㄨˊ　股ㄍㄨˇ　極ㄐㄧˊ　憤ㄈㄣˋ

起到拳擊場跳芭蕾舞，不料被他的爸爸看見了，爸爸的嘴緊緊的拉成一條線，那是他極端憤怒的表情。這時比利竟然放開自己跳起芭蕾舞了，爸爸站在那裡，看著他的小兒子跳得那麼有活力，那麼優美，那麼動人心弦……。爸爸決定讓比利參加皇家芭蕾舞學院的甄試。

十二年後，在一家劇院裡，東尼帶著爸爸去看弟弟比利的演出，劇院裡座無虛席。當舞臺燈光集中在比利躍起的身影時，比利像一隻飛鳥，又像是天際的閃電，令人振奮無比，此時，爸爸的眼眶也潮濕了。

怒ㄋㄨˋ　參ㄘㄢ　邀ㄧㄠ　弦ㄒㄧㄢˊ　皇ㄏㄨㄤˊ　際ㄐㄧˋ　眶ㄎㄨㄤˋ　甄ㄓㄣ　劇ㄐㄩˋ　躍ㄩㄝˋ

小小劇場：他是我伯伯（一）

時間：吃晚餐時

地點：家裡

人物：爸爸、媽媽、隆隆、彩彩

（幕起時，隆隆一家人正坐在餐桌前，等著吃週末大餐。）

隆隆：（學著牆上咕咕鐘叫著）咕咕！咕咕！六點整，吃飯了。

彩彩：哥！你學得眞像！（媽媽把脆皮烤鴨端出來了）

隆隆：哈！脆皮烤鴨再加上番茄濃湯，就是我們的週末大餐。

媽媽：你們肚子餓了嗎？先吃好了！我跟爸爸商量一下事情。

隆隆：妹妹，你學著我，夾一塊又酥又脆的鴨皮或一塊鴨肉，放兩根蔥白，塗上甜麵醬，捲起薄餅，然後送進嘴巴裡。啊！這眞是人間美味。

彩彩：（突然驚叫）哥，你看看窗外！有許多小小的精靈，正對著我們扮鬼臉！

隆隆：哈！那是聖誕紅搖搖晃晃的樣子，好像小精靈在扮著鬼臉。妹妹，你是個童話迷，我來考考你好嗎？

彩彩：考什麼？

隆隆：你看窗外北風呼呼的吹，而屋子裡很溫暖，桌上還有一隻大烤鴨，很像哪一篇童話裡的情節？

彩彩：我知道，是安徒生童話中「賣火柴的女孩」。

隆隆：答對了！賞你一隻烤鴨腿。

彩彩：哥，你聽！爸媽在房裡吵架，聲音大起來了。

（兩個孩子躡手躡腳走近臥房門口，果然聽到爸爸和媽媽吵架的聲音。）

媽媽：說什麼，我絕不答應讓老王踏進家裡一步。

爸爸：唉！老王孤零零一個人，我們不拉他一把，有誰會拉他呢！

媽媽：不提老王的事，孩子等我們吃飯。

（兩個孩子趕快回位子坐好，爸爸和媽媽出來了，可是臉上沒有笑容，烤鴨也吃得很少。）

隆隆：（小聲的）都是老王惹的禍，害我們的週末大餐吃得不痛快。

彩彩：（疑惑的表情）老王，老王到底是誰？

如何把句子加長？

★我在書房看書。

這是一個句子（什麼人在什麼地方做什麼），我們可以把這個句子加長，讓讀者更清楚知道什麼人在一間（怎樣）的書房，看一本（什麼）書？所以我們對書房和書必須加上形容詞來修飾。

↓我在安靜的書房看一本有趣的童話書。

練習：

★孩子跑來跑去。

↓三五成群的孩子在公園裡，嘻嘻哈哈的跑來跑去。

★樹上結滿了蘋果。

↓院子裡有一棵蘋果樹，上面結滿紅通通的蘋果。

認識句子：轉折複句

什麼是轉折複句？前一句描寫一種意思，後一句並沒有順著前一句的意思說下去，而做了一個轉折，轉折的意思有相反或相對的意思，這樣的句子就是有轉折關係的句子。

常用的關係詞語有「再……還是……」、「雖然……但是……」、「儘管……還……」、「……然而……」、「……可是……」等。

- 爸爸的工作再忙，還是會陪我一起看看電視或下下棋。
- 這件事雖然很困難，但是大家能夠團結一起，一定可以完成。
- 儘管天氣很熱，農夫還是在田裡工作。
- 今天坐車的人很多，然而大家都排隊上車，非常守秩序。
- 弟弟長得瘦瘦小小的，可是每一餐都吃一大碗飯呢！

八 讀書心得

最近我讀了一本海明威先生寫的老人與海，心裡非常感動。這本書的內容大意是說：有一個在海上捕魚的老人，已經八十四天沒捕到魚了。平日和他一起捕魚的少年漁夫，不再跟著老人捕魚，所以老人獨自駕著一條小船出海。到了第八十五天，運氣終於來了，他捕到一條大魚，映著陽光，那條大魚顯得亮晶晶的，身體比老人的船還要長。

老人用盡力氣抓緊繩子，要把大魚拉回來。他不僅手破皮，流血了，還抽筋呢！老人一再告

駕 ㄐㄧㄚˋ　船 ㄔㄨㄢˊ　映 ㄧㄥˋ　征 ㄓㄥ　概 ㄍㄞˋ　勁 ㄐㄧㄥˋ　航 ㄏㄤˊ　腥 ㄒㄧㄥ　叉 ㄔㄚ

訴自己：「爲了征服這條大魚，我一定要堅強的顯出男子氣概！」最後大魚沒力氣了，老人使勁拉回釣繩，總算把大魚綁在船邊，老人覺得很滿意，他從來沒有一個人捕過這麼大的魚啊！

在回航中，鯊魚聞到血腥味追上來，老人使用魚叉當武器和鯊魚對抗，可是老人鬥不過鯊魚，大魚被鯊魚吃得只剩下一副魚骨。

老人回到他的小屋，躺在床上便睡著了。許多漁夫來到岸邊看到這麼長的魚骨，都認爲此地從來沒有人抓過這麼大的魚。

我讀了這本書，很佩服老人奮鬥的精神。雖然大魚被鯊魚吃光了，但他不怕挫敗，孤獨的堅持自己的信念，並且快快樂樂的生活，眞令人敬佩。

綁ㄅㄤˇ　孤ㄍㄨ　敗ㄅㄞˋ　挫ㄘㄨㄛˋ　副ㄈㄨˋ　剩ㄕㄥˋ　抗ㄎㄤˋ　武ㄨˇ

小小劇場：他是我伯伯（二）

時間：放寒假時

地點：爸爸學校的宿舍

人物：爸爸、隆隆、王伯伯

（幕起時，隆隆坐火車到爸爸任教的學校，準備住幾天。下了車，他直奔宿舍去了。）

隆隆：爸爸！我來了。哇！院子的梅花開了！爸爸！

（隆隆一邊喊著，一邊往宿舍裡面衝。他沒看到爸爸，卻看見一個穿黑色衣服，剃著光頭的大男人，正從爸爸的書房裡走出來。）

隆隆：（吃驚）你——你是誰？

（隆隆嚇一跳，對方也嚇一跳，蒼白的臉上還流露出恐懼，然後像一根木頭似的杵在那裡。）

隆隆：（聲音中有顫抖）你——你是誰？

（對方仍不回應，隆隆轉身跑出去，跑到學校，看見爸爸正在用油漆漆已經剝落的字。）

隆隆：（氣喘喘的）爸——爸，家裡有——有小偷。

爸爸：嗨！隆隆，你剛下車嗎？

隆隆：我回——宿舍了，看到——看到一個小偷。

爸爸：他不是小偷，他是你的伯伯。

隆隆：他——，可是他看起來很害怕的樣子。

爸爸：王伯伯是一個很可憐的人，他有將近十年的時間，生活在一個和外界隔絕的地方，所以他不大習慣我們的生活方式，既然你來了，可以多接近他，找他說話，相信他會快樂起來。

隆隆：他從監獄出來？

爸爸：隆隆，嗯！你長大了。王伯伯年輕時好鬥，錯殺了人，所以……。

隆隆：你跟媽媽吵架就是爲了這個王伯伯？

爸爸：是的，隆隆，你看爸爸現在漆的這個字是什麼？

隆隆：愛！

爸爸：是啊！一個人心中有愛，生活才會有希望。能夠給人愛時，就有一種幸福的感覺。

認識寫作：寫作八步驟

寫作好比廚師做菜一樣，廚師準備好做菜的材料之後，必須按照步驟一一烹煮，並加入合適的調味料，才能完成一道美味可口的佳餚。作文也是這樣，我們要根據一定的步驟來思考、下筆，才能完成一篇好文章。

現在以本課「讀書心得」爲例，將八個步驟說明如下：

步驟	說明	以本課課文爲例
1 看清題目	看清楚題目的字義。	讀書心得（是讀一本書的感想）
2 確定中心思想	找出文章的主旨。	老人奮鬥的精神，值得佩服。
3 決定文體	選擇表達文章的適當文體。	是一篇讀書心得，所以採用應用文。

4 蒐集資料	蒐集跟題目相關的資料或有關的聯想。	老人與海中的大魚、鯊魚、魚叉以及作者海明威的資料。
5 擬定大綱	開頭 經過 結尾	開頭：寫出老人的生活背景。 經過：1老人捕到一條大魚的情形。 2大魚被鯊魚吃掉的情形。 結尾：作者得到的啓示。
6 逐段寫作	段落畫分清楚之後，注意段與段之間的聯繫。	開始動筆，逐段寫作。
7 修飾文句	注意句型及修辭的應用。	放入成語、句型以及修辭，使文章更生動。
8 詳細檢查	完成之後，多讀幾遍或跟同學交換欣賞。可以找出錯別字或不當句子。	自己檢查，多讀幾遍，注意句子是否通順？段與段之間是否連貫得好？

九 遊峇(ㄅㄚ)里島

今年夏天，我和家人一起到峇里島玩，我們住在一家設備完善的飯店。飯店的後面有海灘，我們迫不及待的想到海灘上玩。

沒多久，爸爸和媽媽躺在椰子樹下的涼椅上，一邊喝著椰子汁，一邊聊天，顯得悠閒又自在。我連忙下水游泳，快活得像一條美人魚。妹妹和一些小朋友在沙灘上放起風箏，他們又叫又跑，聲音比一群麻雀還吵人。

第二天，在導遊先生的帶領之下，我們去參觀阿貢火山。導遊先生說印尼人稱峇里島爲「神的島嶼」，據說萬能的神曾住在這裡。我們站在山邊，遙望著火山口，覺得既寧靜又美麗，不能想像它曾經發過脾氣——火山爆發！在路上，我看到很多梯田，

串 ㄔㄨㄢˋ　暇 ㄒㄧㄚˊ　雕 ㄉㄧㄠ　廟 ㄇㄧㄠˋ　貢 ㄍㄨㄥˋ　領 ㄌㄧㄥˇ　泳 ㄩㄥˇ　悠 ㄧㄡ　涼 ㄌㄧㄤˊ

高高低低的，排列得相當整齊，好像是上天特別爲我們繪製的抽象畫。

　我們去看海神廟，又去逛藝術街，欣賞了很多繪畫和雕刻。我和妹妹特別喜歡一些手工藝品，像風鈴、涼鞋、籃子及各式各樣的木雕，眞是叫人目不暇給。最後，我買了一串風鈴，妹妹買了一個木雕。

　峇里島的風景令人難忘，美食更令人回味無窮。烤乳豬大餐，烘鴨子料理，又香又甜入口即化的榴槤，讓我們口齒留香。啊！這美如仙境的峇里島，令人流連忘返。

烤ㄎㄠˇ　烘ㄏㄨㄥ　鴨ㄧㄚ　齒ㄔˇ　仙ㄒㄧㄢ　境ㄐㄧㄥˋ　返ㄈㄢˇ　爆ㄅㄠˋ　藝ㄧˋ

小小劇場：他是我伯伯（三）

時間：吃午餐時
地點：學校的宿舍
人物：爸爸、隆隆、王伯伯

（幕起時，爸爸、隆隆、王伯伯正坐在一起吃午飯。）

隆隆：哇！有好吃的怪味雞，又有特大號的韮菜盒子，好豐盛啊！

爸爸：王伯伯已經通過汽車駕駛的路考，拿到一張駕駛執照，隆隆，你用汽水代酒，我們一起來恭喜王伯伯，有新的開始了。

隆隆：王伯伯，新的開始就是成功的一半。

王伯伯：謝謝你們！謝謝你們！

爸爸：老王，等你正式開車時，可以把計程車開上高速公路，你不是說高速公路上很美嗎？

王伯伯：哦！計程車可以開上高速公路嗎？

隆隆：王伯伯，計程車當然可以開上高速公路。

王伯伯：記得我跟隆隆一樣大時，還被父母抱在懷裡當個寶，沒想到——，（哽咽著聲音）算命的還說我家風水好，吃得好，穿得好，一輩子都不用煩惱。可是現在我吃你的，住你的……。

爸爸：老王，你不要傷心了！你已經拿到駕照了，等你把臺北市的一些街道弄熟了，我再來找一家車行，買一輛半新的計程車讓你做生意，你就可以吃自己的，住自己的。

隆隆：王伯伯，您不要難過了，開計程車很好玩，我有些同學的爸爸也是開計程車。您可以載我和妹妹上高速公路嗎？

王伯伯：我——我可以——嗎？

爸爸：當然可以，你是孩子的伯伯。

隆隆：王伯伯，爸爸做的怪味雞很好吃，又酸又辣，怪到極點。媽媽做的烤鴨，香氣撲鼻，簡直是人間美味，您可以到我家來嘗一嘗。

王伯伯：我——我可以——嗎？

隆隆：當然可以，你是我的伯伯。

（隆隆說著，同時跟爸爸眨眨眼睛，表示他會跟媽媽溝通的，這餐飯吃得很愉快，王伯伯臉上有了笑容。也有了信心。）

短文練習

寫記敘文有六大要素，是時間、地點、人物、起因、經過和結果。要抓住這些重點，才能把記敘文寫好。請以下面的六大要素，試寫出一篇短文。

時間：黃昏

地點：附近公園

人物：家人

起因：一家人到附近公園玩

經過：爸爸、媽媽在石椅上談天，我和弟弟騎腳踏車

結果：我表演放開雙手騎車，得到掌聲

如何閱讀一篇文章？

我們平常讀書，不論是讀教科書或課外書，對於所讀的篇章內容，應該先有一個通盤的了解，換句話說：你從頭到尾讀完一篇文章之後，便要對內容有一個清楚而有系統的概念，所以閱讀一篇文章是有步驟的：

- 先了解你所讀的這篇文章文體，是記敘文、說明文或是應用文。
- 文體清楚之後，要把內容整理出一個簡要大綱，才能知道作者是如何分段，進而知道作者寫這篇文章的主旨。
- 對文體、大意、主旨都能充分了解之後，再來分析這一篇文章的內容，用了哪些句型和修辭？得到怎樣的聯想、啓示和觸發。

十 小河

曾經
我是潺潺的小河。
從山間一路溜到山腳下，
帶來山林芬芳的氣息。
魚蝦跳到我懷裡，
螃蟹陶醉在我的歌聲中，
水草愉快的跟我握握手，
晴空總是羨慕我的喜悅——

芬ㄈㄣ 懷ㄏㄨㄞˊ 陶ㄊㄠˊ 村ㄘㄨㄣ 莊ㄓㄨㄤ 鎮ㄓㄣˋ 祥ㄒㄧㄤˊ 嬉ㄒㄧ 迴ㄏㄨㄟˊ

曾經
我是涓涓的小河。
從山腳穿過田野，
繞行村莊逛到小鎮，
帶來祥和的歲月。
孩童嬉戲的笑語，
迴盪在我的耳邊，
男男女女，
勤奮純樸的身影倒映在我臉龐，
晚霞常常和我閒話家常——

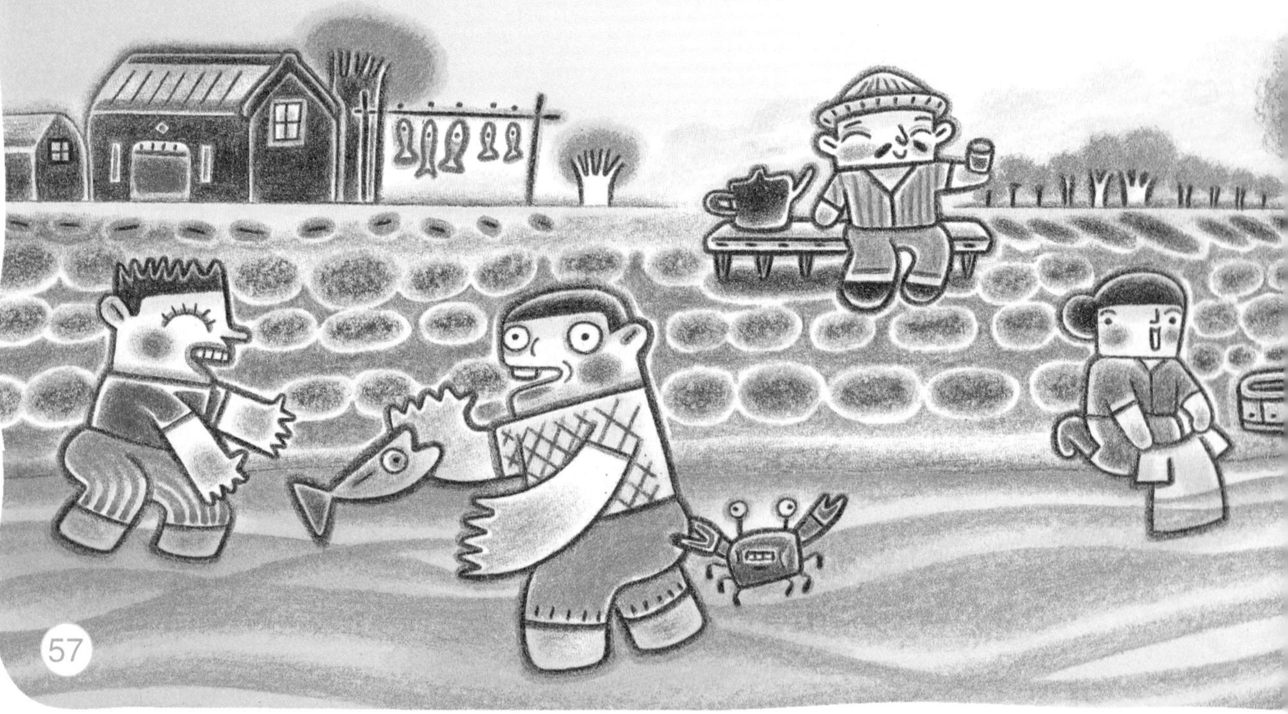

霓ㄋㄧˊ 霞ㄒㄧㄚˊ 繞ㄖㄠˋ 蟹ㄒㄧㄝˋ 憂ㄧㄡ 凝ㄋㄧㄥˊ 沿ㄧㄢˊ 銀ㄧㄣˊ 城ㄔㄥˊ 龐ㄆㄤˊ 勤ㄑㄧㄣˊ

曾經
我是淙淙的小河。
踩著希望的腳步，
鑽過木製的水泥的鋼鐵的橋身，
從小鎮游向大城市，
帶來家家户户平安的幸福的消息。
霓虹燈水銀燈，
沿岸爲我祝福。
明月不時凝視我的清澈——

曾經
我就是這麼無憂
一路——
投向大海的懷抱——

對話練習：河神也要看醫生

河神：咳！咳！咳！醫生快救救我，我呼吸困難，喘不過氣。

醫生：讓我看一看你的喉嚨和鼻子。

河神：自從有人在我家附近燒垃圾，我就開始不舒服了。

醫生：這是空氣不好引起的呼吸疾病，吃藥不能完全治好。

河神：對了，最近也常頭暈，是什麼原因？

醫生：你的臉色變黑，皮膚不光滑，這幾天吃什麼？

河神：最近我喝的水顏色濁濁的，味道也很怪。

醫生：大概是水有問題。

河神：啊！上游好幾家工廠經常排出廢水。

醫生：廢水裡含有毒的重金屬，難怪你會不舒服。

河神：嗚嗚嗚，真是太過分了，一點都不替我著想。

醫生：有人為了賺錢，卻害得你痛苦。

河神：連我的魚蝦朋友、螃蟹鄰居也都遭殃呢！

醫生：最近你的胃口好不好？

河神：嗯，我想一下，比起以前，最近可以用「食慾不振」來形容。

醫生：讓我聽一聽你的胃腸聲音。聽起來悶悶的，不太通暢。

河神：我想起來了，常常有人半夜裡把廢土塞到我肚子裡。

醫生：這些廢土阻塞你的腸道，難怪你食慾不振。

河神：唉！就算我是河神，也不能這樣被虐待！

醫生：對不起！人類需要好好反省，改變行為。

河神：是啊！要不然最後人類也一定會吃到苦頭。

讀一讀：有節奏的詩

節奏是詩的活力，像走路時一左一右，像唱歌時一拍又一拍。

「小河」這一課，一、二、三段在形式上相似，每一段的第一、二句都是「曾經，我是……的小河」，讀起來具有節奏感，似乎就看到小河流一路的喜悅。

下面兩首是現代童詩，兩段的段落在形式上相同，讀一讀，體會詩中的感覺。

蟲和鳥

舒蘭

我把媽媽洗好的襪子，
一隻一隻夾在繩子上，
繩子就變成一隻多足蟲，
在陽光中爬來爬去。

姐姐把洗好的小手帕，
一條一條夾在繩子上，
繩子就變成一群白鷺鷥，
在微風中飛舞飛舞。

燭光

燭光亮亮的，照在我的身上。
奶奶的愛，
暖暖的，流過我心裡。
燭光暖暖的，映在我的臉龐。
媽媽的愛，
綿綿的，貼在我心房。

十一 愛唱歌的鳥

一隻鳥和一棵梧桐樹感情非常好。小鳥整天在樹上唱歌，從繁花似錦的春天唱到綠葉成蔭的夏天，再唱到楓紅染霞的秋天。

但是，寒冷的冬天快到了，小鳥必須離開梧桐樹去避寒。

「再見！請明年再來唱歌給我聽。」梧桐樹說道。

「好，請等我回來。」小鳥說完，就往南邊飛走了。

當小鳥和春天一起回來時，梧桐樹已經不

繁 ㄈㄢˊ　錦 ㄐㄧㄣˇ　蔭 ㄧㄣˋ　楓 ㄈㄥ　秋 ㄑㄧㄡ　寒 ㄏㄢˊ　避 ㄅㄧˋ　哀 ㄞ　鋸 ㄐㄩˋ

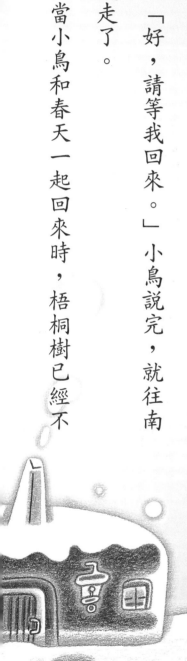

在了，只留下灰灰黃黃的樹根流著眼淚。樹根哀傷的說：在這一段時間裡，梧桐樹被鋸下來製成火柴，再送到雜貨店出售，到底現在怎樣了，我也不知道。

焦急的小鳥，帶著一絲希望飛向雜貨店。

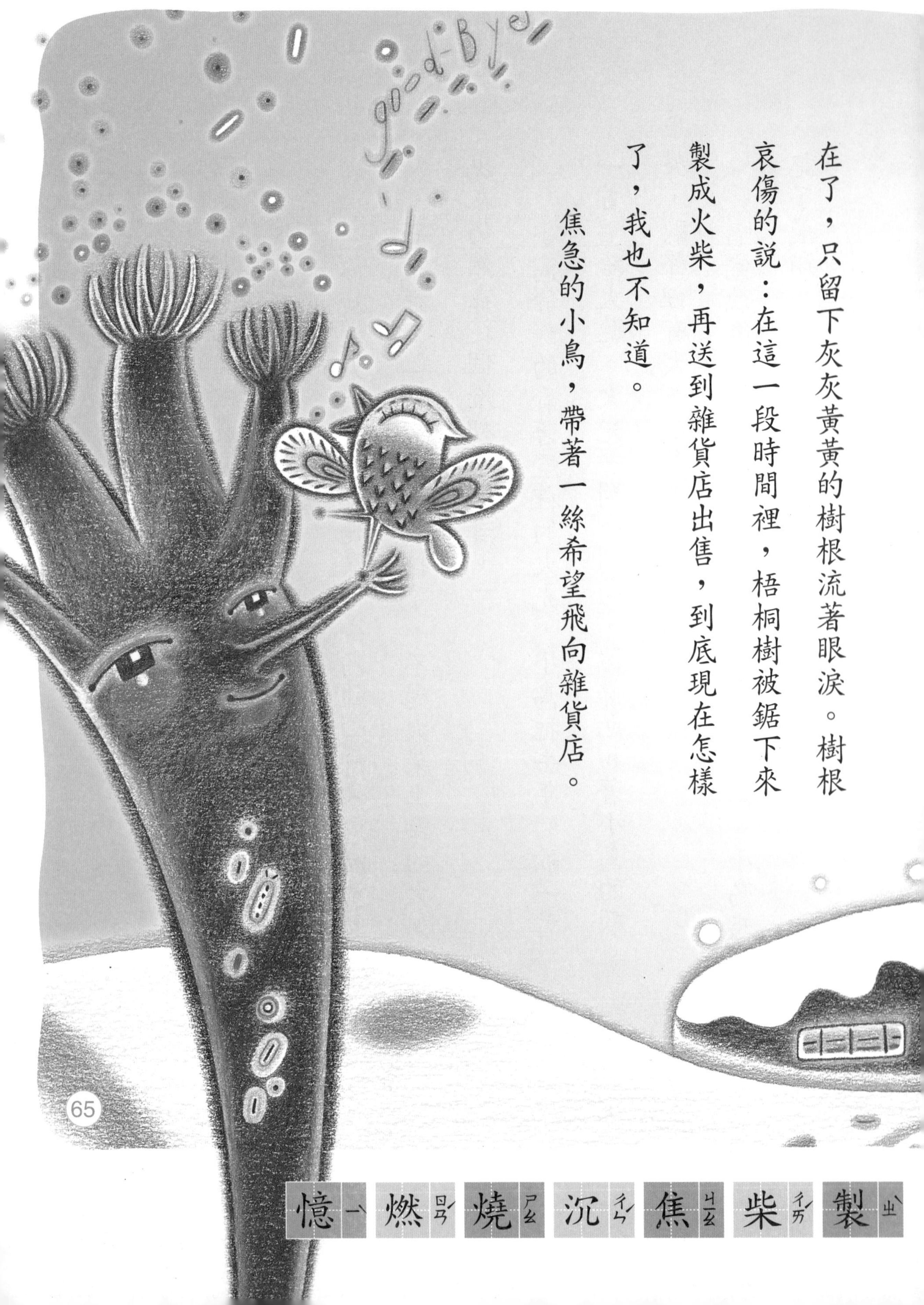

製 ㄓˋ　柴 ㄔㄞˊ　焦 ㄐㄧㄠ　沉 ㄔㄣˊ　燒 ㄕㄠ　燃 ㄖㄢˊ　憶 ㄧˋ

但是，火柴已經被農家的小女孩買走了！

小鳥一秒也不停，向著農家急速飛去。

「你知道火柴怎麼了嗎？」小鳥的心愈來愈沉重。

女孩說：「火柴已經燒掉了，不過火柴上點的火，現在仍然在這個燈裡燃燒著。」

小鳥靜靜的看著燈裡的火光，小鳥把去年的歌一首一首唱給火聽。火光一閃一閃的，彷彿也和著小鳥的歌聲，歌聲裡有太多太多美好和難忘的回憶。

唱完歌後，小鳥凝視著火，火凝視著小鳥，小鳥忘記了飛翔——。

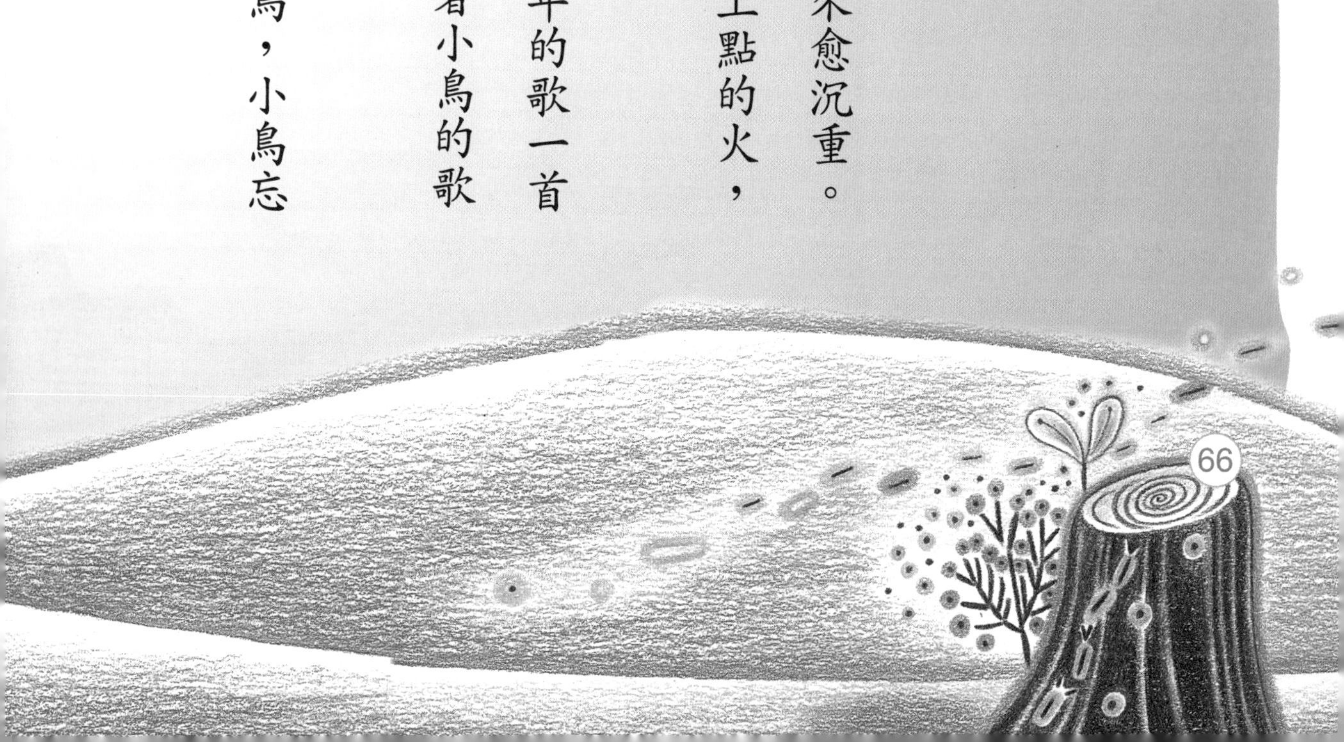

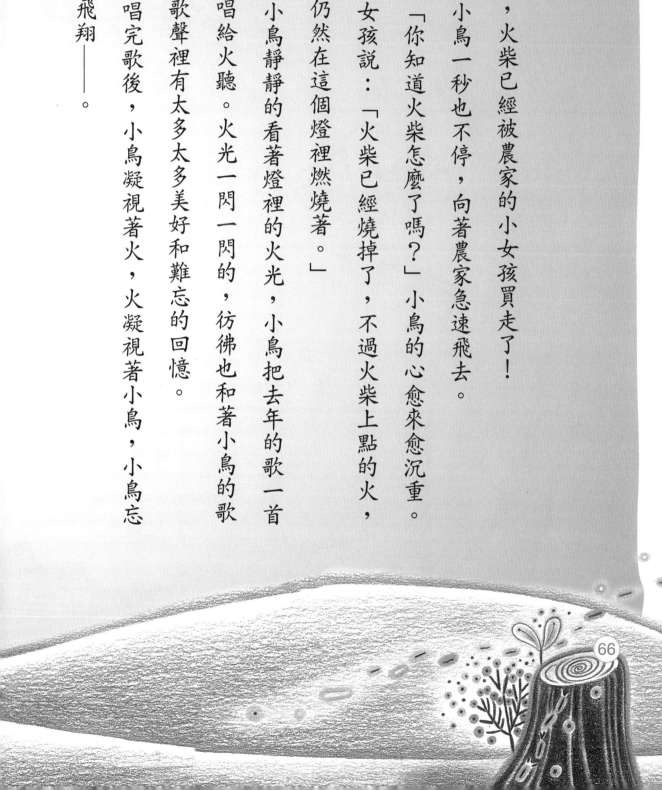

對話練習：小鳥與梧桐

小鳥：我是隻小小鳥，飛就飛叫就叫，自由逍遙，我不知有憂愁……

梧桐：停，停，停，別唱這一首，我聽到憂愁就開始憂愁。

小鳥：那我改唱一首，好一朵美麗的茉莉花，芬芳美麗滿枝椏……

梧桐：不不不不！換一首換一首。

小鳥：三輪車跑得快，上面坐個老太太，要五毛給一塊，你說奇怪不奇怪。

梧桐：一點也不奇怪，一點也不奇怪。

小鳥：今天你才奇怪呢，我所唱的歌你都不感興趣，看起來心事重重（ㄓㄨㄥˋㄓㄨㄥˋ）。

梧桐：不重，只是心事重重（ㄔㄨㄥˊㄔㄨㄥˊ）。

小鳥：難怪你會說聽到憂愁就開始憂愁，告訴我，你有什麼心事？

梧桐：最近我的左鄰右舍都要搬家了。

小鳥：爲什麼？

梧桐：櫻花樹說這裡空氣不好，他要回山上住，花才能開得茂盛。

小鳥：沒錯，我們這裡因爲靠近市區，汽車排放的黑煙讓人呼吸不舒服。

梧桐：洋紫荊說噪音讓他失眠了一年多，他也要搬走。

小鳥：你呢？也想搬走嗎？

梧桐：如果我搬走了，你要住哪裡？我會牽掛你的。

小鳥：很簡單，你到哪裡，我就跟著你到哪裡。

梧桐：太好了，我們一起去找新地點吧！

寫一寫：季節的寫作修辭法

以下都是描述季節的語詞，你判斷可以用在哪一個季節：

（①春 ②夏 ③秋 ④冬）

- ○ 春暖花開
- ○ 春光明媚
- ○ 秋高氣爽
- ○ 繁花似錦
- ○ 月落烏啼霜滿天
- ○ 白雪皚皚
- ○ 綠意盎然
- ○ 艷陽高照
- ○ 獨釣寒江雪

認識寫作：文章的層遞

一個和尚挑水喝，兩個和尚扛水喝，三個和尚沒水喝。從一個到兩個再到三個，從少而多；從挑水到扛水再到沒水喝的，從有到無，像這樣一層又一層推進的寫法就叫做「層遞」。愛唱歌的鳥，從繁花似錦的春天唱到綠葉成蔭的夏天，再唱到楓紅染霞的秋天。這也是層遞的寫作方法。

以下的短文，哪個是層遞寫法：

春天是一串繽紛的爆竹，從溪邊到田野到山坡，從二月到三月到四月，霹霹啪啪，爆出一朵朵花。

夜好靜好深呀！小弟弟的眼睛小的只剩下一道縫了。原來是想睡覺了。

十二 月光下

美麗的景致，常常讓人勾起思念的情懷。思念不在身邊的親友，思念往事，思念過去美好的歲月。月光下，人們特別容易撥動心中的懷念之弦。月兒彎彎時，思念像彎彎的鉤，鉤起了一串串的回憶；月亮圓圓，思念也像圓圓的大盤，想裝滿散落天邊的親情。思念是一篇篇皎潔的詩篇，一首首感人的樂曲，千古同唱。

曾經在月光下，宋朝文學家蘇軾想念著弟弟——蘇轍。他舉著酒杯，仰望著天上像白玉盤的明月，心

蘇ㄙㄨ 宋ㄙㄨㄥˋ 潔ㄐㄧㄝˊ 皎ㄐㄧㄠˇ 鉤ㄍㄡ 撥ㄅㄛ 歲ㄙㄨㄟˋ 勾ㄍㄡ 致ㄓˋ

中想著：兄弟兩人如果能像小時候一樣，一起賞月，一起吟詩作對，不知道該有多好呀！

蘇軾喝了一口酒，向月亮提出一個問題：爲什麼你總是這麼無情，都是在人們分離時才特別的圓，特別的亮呢？爲什麼不在你圓的時候，也讓世間的人都團圓呢？

銀白的月亮不說話。夜更深，月更圓，此時蘇軾只希望弟弟平平安安，也像自己一樣正看著同一輪明月。透過月光，兄弟兩人好像見了面一般。隱隱約約中，月面上浮出兩行字：但願人長久，千里共嬋娟。

美麗的景致，讓詩人寫出美麗的思念，一代代傳唱下去。

杯 ㄅㄟ　仰 ㄧㄤˇ　盤 ㄆㄢˊ　兄 ㄒㄩㄥ　團 ㄊㄨㄢˊ　嬋 ㄔㄢˊ　娟 ㄐㄩㄢ　軾 ㄕˋ 轍 ㄔㄜˋ

對話練習：月亮像什麼？

大偉：今天是什麼日子？月亮特別圓！

威利：今天正是農曆八月十五日，中秋節。

大偉：難怪我爺爺常常說：月到中秋分外明，人逢喜事精神爽。

威利：說到月亮，我就想起唐朝詩人李白先生。

大偉：就是寫「春眠不覺曉，處處聞啼鳥」的李白。

威利：你眞是張冠李戴，那是孟浩然寫的。

大偉：喔！我想起來了，「床前明月光，疑是地上霜，舉頭望黑板，低頭吃便當。」

威利：你別鬧了，把李白的詩改成偷吃便當，他會難過的。

大偉：好好好，其實我喜歡李白許多有關形容月亮的詩句。

威利：說來聽聽！

大偉：「小時不識月，呼作白玉盤。」是說小時候以爲圓圓的月亮是一個白玉盤子。

威利：他的想像力眞不錯。我只會想成一個硬幣。你會想成什麼？

大偉：像檸檬！因爲我媽媽常常唱：月兒像檸檬，高高的掛天空。

威利：太離譜了，完全沒有任何相關的地方。

大偉：這是有學問的，把檸檬切片後，一片片圓圓的，不就跟月亮一樣嗎？

威利：這樣一來月亮不就酸溜溜的？

大偉：我可以改成甜的，彎彎的月亮像香蕉。香蕉很甜的。

威利：你還眞會變魔術，把月亮弄得忽酸忽甜。

大偉：好吧！別開玩笑了，我們還是讀讀李白的詩，讓自己有氣質點。

讀一讀：宋詞欣賞

宋朝文學家蘇軾所寫的水調歌頭，陳述中秋夜懷念弟弟蘇轍的情懷，非常感人，到現在還一直被吟唱，現在讓我們來欣賞。

明月幾時有？把酒問青天。
不知天上宮闕，今夕是何年？
我欲乘風歸去，又恐瓊樓玉宇，高處不勝寒。
起舞弄清影，何似在人間。
轉朱閣，低綺户，照無眠。
不應有恨，何事長向別時圓？
人有悲歡離合，月有陰晴圓缺，此事古難全。
但願人長久，千里共嬋娟。

白話翻譯

我舉起酒杯問青天：天上的明月是什麼時候開始有的？

而天上神仙住的地方，今夜是哪一年？

我眞希望乘著風兒飛上去，但是又害怕神仙住的地方太高了，

會讓人冷得受不了。

於是我只好和我的影子，在月光下跳起舞來，就好像也在天上一樣快樂。

夜深了，月光緩緩轉過朱紅色的樓閣，穿過精緻的小窗，

照在我這個沒有睡意的人身上。

月兒啊！你本不該對人有恨的，但爲什麼老是在別人分別的時候，

才這麼圓這麼亮，讓人看了心裡好難受。

唉！我還是不要胡思亂想。人生本來就有悲有喜，有離有合，

就像月亮有圓有缺，是自古以來就無法兩全的。

我只有祈求：我們都能活得健健康康，活得長久。雖然隔得很遠，

卻能一同欣賞天上的明月。

認識基本筆畫

筆畫	名稱	例子
㇐	橫	一 二
㇑	豎	斗 不
㇔	點	魚 字
㇒	撇	仁 什
㇏	捺	人 之
㇀	挑	法 挑
㇕	橫折	日 田

筆畫	名稱	例子
㇟	豎曲鉤	包 他
㇖	橫鉤	皮 也
㇚	豎鉤	牙 寸
㇂	斜鉤	我 代
㇁	彎鉤	了 豖
㇆	橫折鉤	月 再
㇇	橫撇	發 又

標準筆順

數字為總筆畫

第一課

潑	均	績	據	播	司	導
15	7	17	16	15	5	16

炎	吐	建	議	算	益	增	垂	齡
8	6	9	20	14	10	15	9	20

第二課

凡	獨	畢	廠	徒	擊	睛	濕	痕
3	16	11	15	10	17	13	17	11

第三課

數	維	贏	獎	善	良	嫁
15	14	20	15	12	7	13

翠
14

況	銜	秒	須	振	取	衝	俯	折	專
8	14	9	12	10	8	15	10	7	11

第四課

亂	塞	堵	程
13	13	11	12

巧	控	遙	透	固
5	11	14	11	8

淹	姓	顯	築	堤	沖	替	岸	淺	挖
11	8	23	16	12	7	12	8	11	9

第五課

勢	災	棟	討	厭	集	砍	壓	鄰
13	7	12	10	14	12	9	17	15

財	毒	付	螞	蟻	巢	穴	漆	決
10	8	5	16	19	11	5	14	7

財財財財財財財財財財

毒毒毒毒毒毒毒毒

付付付付付

螞螞螞螞螞螞螞螞螞螞螞螞螞螞螞螞

蟻蟻蟻蟻蟻蟻蟻蟻蟻蟻蟻蟻蟻蟻蟻蟻蟻蟻蟻

巢巢巢巢巢巢巢巢巢巢巢

穴穴穴穴穴

漆漆漆漆漆漆漆漆漆漆漆漆漆漆

決決決決決決決

第六課

威	鳳	島	曾	銷	售	歷	杜	棄
9	14	10	12	15	11	16	7	11

威威威威威威威威威

鳳鳳鳳鳳鳳鳳鳳鳳鳳鳳鳳鳳鳳鳳

島島島島島島島島島島

曾曾曾曾曾曾曾曾曾曾曾曾

銷銷銷銷銷銷銷銷銷銷銷銷銷銷銷

售售售售售售售售售售售

歷歷歷歷歷歷歷歷歷歷歷歷歷歷歷歷

杜杜杜杜杜杜杜

棄棄棄棄棄棄棄棄棄棄棄

採	零	競	倍	案	員	優
11	13	20	10	10	10	17

第七課

鄉	礦
12	20

拳	費	彷	佛	股	極	憤	怒	參	邀
10	12	7	8	8	13	15	9	11	17

概	征	映	船	駕
13	8	9	11	15

第八課

眶	際	皇	弦
11	14	9	8

孤	敗	挫	副	剩	抗	武	叉	腥	航	勁
8	11	10	11	12	7	8	3	13	10	9

第九課

串	暇	雕	廟	貢	領	泳	悠	涼
7	13	16	15	10	14	8	11	11

第十課

芬	返	境	仙	齒	鴨	烘	烤
8	8	14	5	15	16	10	10

龐	勤	迴	嬉	祥	鎮	莊	村	陶	懷
19	13	10	15	10	18	11	7	11	19

第十一課

楓	蔭	錦	繁	憂	凝	沿	銀	城
13	15	16	17	15	16	8	14	9

沉	焦	柴	製	鋸	哀	避	寒	秋
7	12	10	14	16	9	17	12	9

第十二課

鉤	撥	歲	勾	致	憶	燃	燒
13	15	13	4	9	16	16	16

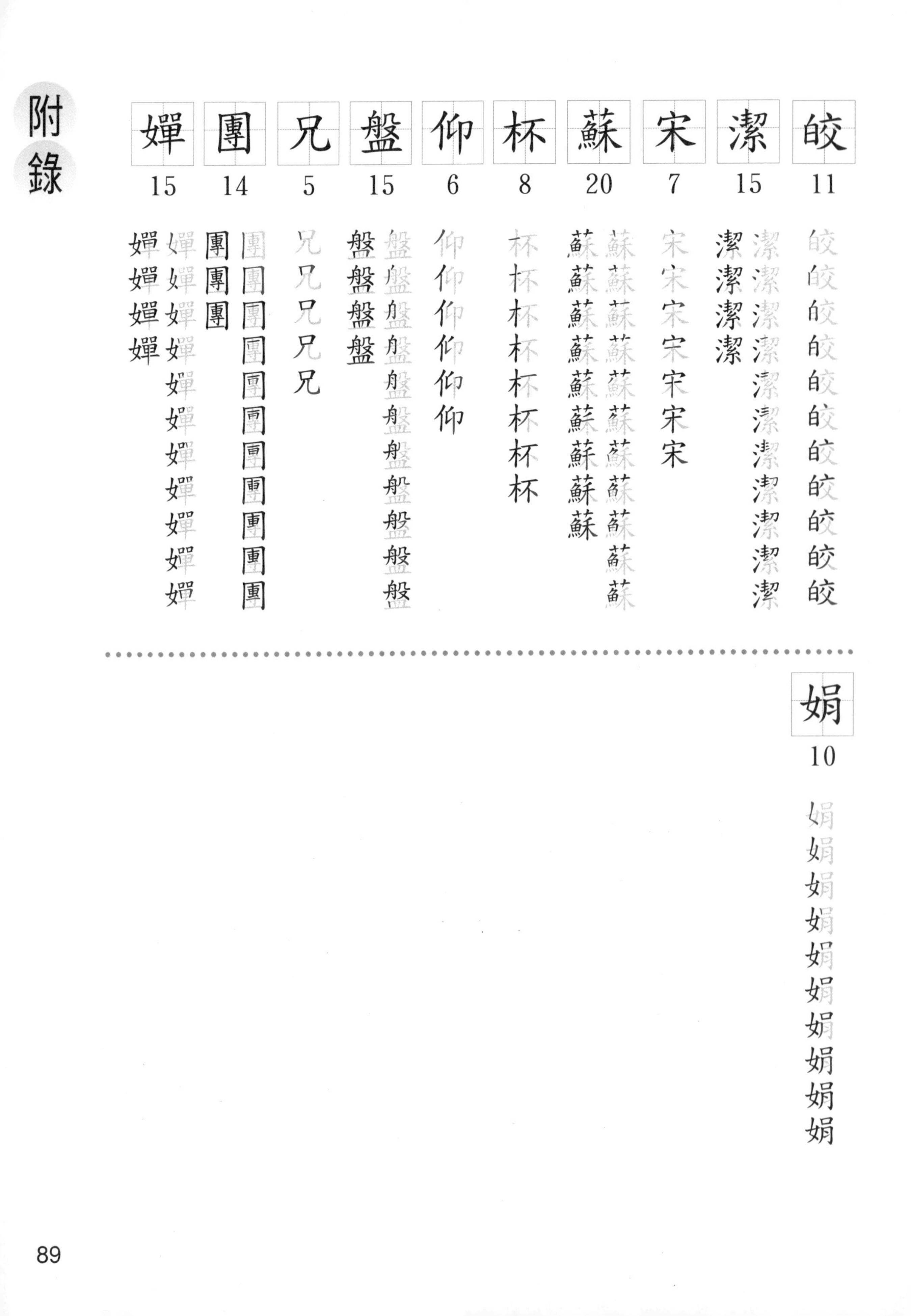

皎	潔	宋	蘇	杯	仰	盤	兄	團	嬋
11	15	7	20	8	6	15	5	14	15

娟
10

字詞拼音對照表

漢語拼音、通用拼音和英文解釋

課次	字詞	頁碼	漢語拼音	通用拼音	英文解釋
1	潑	2	pō	po	splash ; slosh
	活潑	2	huó pō	huó po	activity
	均	2	jūn ; jūn	jyun	egual
	平均	2	píng jūn	píng jyun	level
	績	2	jī	ji	merit ; achievement
	成績	2	chéng jī	chéng ji	grade
	據	2	jù	jyù	according to
	根據	2	gēn jù	gen jyù	accordance; base
	播	2	bò	bò	to spread
	廣播	2	guǎng bò	guǎng bò	broadcast
	司	2	sī	sih	department
	公司	2	gōng sī	gong sih	company
	導	2	dǎo	dǎo	to direct
	報導	2	bào dǎo	bào dǎo	report
	炎	2	yán	yán	burning
	吐	2	tù	tù	to vomit
	建	2	jiàn	jiàn	to suggest
	議	2	yì	yì	an opinion
	建議	2	jiàn yì	jiàn yì	suggestion

課次	字詞	課文頁碼	漢語拼音	通用拼音	英文解釋
	算	2	suàn	suàn	to regard
	就算	2	jiù suàn	jiòu suàn	even if
	益	3	yì	yì	more;benefit
	增	3	zēng	zeng	to increase
	增加	3	zēng jiā	zeng jia	to increase
	垂	3	chuí	chuéi	to hang down
	齡	3	líng	líng	age
	保齡球	3	bǎo líng qiú	bǎo líng cióu	bowling
2	凡	8	fán	fán	common
	平凡	8	píng fán	píng fán	ordinary ; usual
	獨	8	dú	dú	single
	畢	8	bì	bì	to complete
	廠	8	chǎng	chǎng	workshop
	工廠	8	gōng chǎng	gong chǎng	factory
	徒	8	tú	tú	disciples
	學徒	8	xué tú	syué tú	a student
	擊	8	jí	jí	to strike
	電擊	8	diàn jí	diàn jí	electric shock
	睛	8	jīng	jing	the pupil of the eyes
	眼睛	8	yǎn jīng	yǎn jing	eyes
	濕	9	shī	shih	wet
	痕	9	hén	hén	trace
	傷痕	9	shāng hén	shang hén	scar

課次	字詞	課文頁碼	漢語拼音	通用拼音	英文解釋
	數	9	shù	shù	number
	無數	9	wú shù	wú shù	innumerable
	維	9	wéi	wéi	to maintain
	維持	9	wéi chí	wéi chíh	to keep
	贏	9	yíng	yíng	win
	獎	9	jiǎng	jiǎng	award
	大獎	9	dà jiǎng	dà jiǎng	a big prize
	善	9	shàn	shàn	goodness
	良	9	liáng	liáng	fine
	善良	9	shàn liáng	shàn liáng	kindhearted
	嫁	9	jià	jià	to marry a man
	婚嫁	9	hūn jià	hun jià	marriage
3	翠	14	cuì	cuèi	green
	翠鳥	14	cuì niǎo	cuèi niǎo	kingfisher
	翡翠	14	fěi cuì	fěi cuèi	emerald
	專	14	zhuān	jhuan	to concentrate
	專業	14	zhuān yè	jhuan yè	specialty
	折	14	zhé	jhé	to humble
	折服	14	zhé fú	zhé fú	to submit
	俯	14	fǔ	fǔ	to face down
	衝	14	chōng	chong	to rush
	俯衝	14	fǔ chōng	fǔ chong	to dive
	取	14	qǔ	cyǔ	to take
	振	14	zhèn	jhèn	to pull up

課次	字詞	課文頁碼	漢語拼音	通用拼音	英文解釋
	振翅	14	zhèn chì	jhèn chìh	to flap
	須	14	xü ; xū	syu	necessary
	只須	14	zhǐ xū	jhǐh syu	only need to
	秒	14	miǎo	miǎo	second
	銜	14	xián	sián	to hold in the mouth
	況	14	kuàng	kuàng	conditions
	何況	14	hé kuàng	hé kuàng	let alone
	固	15	gù	gù	stable
	固定	15	gù dìng	gù dìng	to fix
	透	15	tòu	tòu	to penetrate
	透明	15	tòu míng	tòu míng	transparent
	遙	15	yáo	yáo	distant
	控	15	kòng	kòng	control
	遙控	15	yáo kòng	yáo kòng	remote control
	巧	15	ciǎo	ciǎo	clever
	技巧	15	jì ciǎo	jì ciǎo	skill
4	程	20	chéng	chéng	schedule ; agenda
	工程師	20	gōng chéng shī	gong chéng shih	engineer
	堵	20	dǔ	dǔ	to block up
	塞	20	sè	sè	to stuff
	堵塞	20	dǔ sè	dǔ sè	to stop up
	亂	20	luàn	luàn	chaos
	淹	20	yān	yan	to drown
	淹水	20	yān shuǐ	yan shuěi	floods

課次	字詞	課文頁碼	漢語拼音	通用拼音	英文解釋
	姓	20	xìng	sìng	surname
	百姓	20	bǎi xìng	bǎi sìng	common people
	顯	20	xiǎn	siǎn	clear
	明顯	20	míng xiǎn	míng siǎn	obvious
	築	20	zhú	zhú	to build
	建築	20	jiàn zhú	jiàn zhú	to eonstruct
	堤	20	tí	tí	embankment
	堤防	20	tí fáng	tí fáng	dike
	沖	20	chōng	chong	to rinse
	沖走	20	chōng zǒu	chong zǒu	to wash away
	替	20	tì	tì	to replace
	接替	20	jiē tì	jie tì	to succeed
	岸	20	àn	àn	shore ; coast
	河岸	20	hé àn	hé àn	riverbank
	淺	21	qiǎn	ciǎn	shallow
	挖	21	wā	wa	to dig
	挖開	21	wā kāi	wo kai	to dig out
	勢	21	shì	shìh	situation
	地勢	21	dì shì	dì shì	terrain
	災	21	zāi	zai	disaster
	水災	21	shuǐ zāi	shuěi zai	floods
5	棟	26	dòng	dòng	beam
	一棟	26	yī dòng	yi dòng	a unit of a house

課次	字詞	課文頁碼	漢語拼音	通用拼音	英文解釋
	討	26	tǎo	tǎo	to demand
	厭	26	yàn	yàn	to dislike
	討厭	26	tǎo yàn	tǎo yàn	troublesome
	集	26	jí	jí	to collect
	聚集	26	jù jí	jyù jí	to gather
	砍	26	kǎn	kǎn	to chop
	砍倒	26	kǎn dǎo	kǎn dǎo	to chop down
	壓	26	yā	ya	to press
	壓到	26	yā dào	ya dào	to press
	鄰	26	lín	lín	neighborhood
	鄰居	26	lín jū	lín jyu	neighbors
	財	26	cái	cái	wealth
	財產	26	cái chǎn	cái chǎn	property
	毒	27	dú	dú	poison
	毒死	27	dú sǐ	dú sǐh	to poison to death
	付	27	fù	fù	to pay
	對付	27	duì fù	duèi fù	to deal with
	螞	27	mǎ	mǎ	ant
	蟻	27	yǐ	yǐ	ant
	螞蟻	27	má yǐ	má yǐ	ant
	巢	27	cháo	cháo	nest
	穴	27	xuè	syuè	cave
	巢穴	27	cháo xuè	cháo syuè	den

課次	字詞	課文頁碼	漢語拼音	通用拼音	英文解釋
	漆	27	qī	ci	paint
	漆成	27	qī chéng	ci chéng	to paint
	決	27	jué	jyué	to decide
	解決	27	jiě jué	jiě jyué	to solve
6	威	32	wēi	wei	majesty
	夏威夷	32	xià wēi yí	sià wei yí	Hawaii
	鳳	32	fòng	fòng	a male phoenix
	鳳梨	32	fòng lí	fòng lí	pineapple
	島	32	dǎo	dǎo	island
	島嶼	32	dǎo yǔ	dǎo yǔ	island
	曾	32	céng	céng	once
	曾經	32	céng jīng	céng jing	to have already
	銷	32	xiāo	siao	to be marketed
	售	32	shòu	shòu	to sell
	銷售	32	xiāo shòu	siao shòu	to sell
	歷	32	lì	lì	to pass
	歷史	32	lì shǐ	lì shǐh	history
	杜	32	dù	dù	to prevent
	棄	32	qì	cì	to abondon
	放棄	32	fàng qì	fàng cì	to give up
	採	32	cǎi	cǎi	to pluck
	採收	32	cǎi shōu	cǎi shou	to gather
	零	32	líng	líng	zero

課次	字詞	課文頁碼	漢語拼音	通用拼音	英文解釋
	競	32	jìng	jìng	to compete
	競爭力	32	jìng zhēng lì	jìng jheng lì	competitiveness
	倍	32	bèi	bèi	double
	案	32	àn	àn	case
	答案	32	dá àn	dá àn	answer
	員	32	yuán	yuán	member
	服務員	32	fú wù yuán	fú wù yuán	attendant
	優	33	yōu	you	excellent
	優點	33	yōu diǎn	you diǎn	advantage
7	鄉	38	xiāng	siang	village
	鄉下	38	xiāng xiá	siang siá	countryside
	礦	38	kuàng	kuàng	mine
	礦工	38	kuàng gōng	kuàng gong	miner
	拳	38	quán	cyuán	fist
	拳擊	38	quán jí	cyuán jí	boxing
	費	38	fèi	fèi	fees
	費用	38	fèi yòng	fèi yòng	costs
	彷	38	fǎng	fǎng	similar to
	彿	38	fú	fú	similar to
	彷彿	38	fǎng fú	fǎng fú	to seem
	股	38	gǔ	gǔ	thigh
	一股	38	yī gǔ	yi gǔ	a blast
	極	39	jí	jí	pole

課次	字詞	課文頁碼	漢語拼音	通用拼音	英文解釋
	極端	39	jí duān	jí duan	extremely
	憤	39	fèn	fèn	to resent
	怒	39	nù	nù	furious
	憤怒	39	fèn nù	fèn nù	anger
	參	39	cān	can	to take part in
	參加	39	cān jiā	can jia	to attend
	邀	39	yāo	yao	to invite
	邀請	39	yāo qǐng	yao cǐng	invitation
	弦	39	xián	sián	strings
	心弦	39	xīn xián	sin sián	heartstrings
	皇	39	huáng	huáng	royal
	皇家	39	huáng jiā	huáng jia	the imperial family
	際	39	jì	jì	border
	天際	39	tiān jì	tian jì	skyline
	眶	39	kuāng	kuang	the rim of the eye
	眼眶	39	yǎn kuāng	yǎn kuang	eye socket
8	駕	44	jià	jià	to drive
	船	44	chuán	chuán	boat
	駕船	44	jià chuán	jià chuán	to drive a boat
	映	44	yìng	yìng	to reflect
	反映	44	fǎn yìng	fǎn yìng	reflection
	征	45	zhēng	jheng	to conquer
	征服	45	zhēng fú	jheng fú	to conquer

課次	字詞	課文頁碼	漢語拼音	通用拼音	英文解釋
	概	45	gài	gài	general
	氣概	45	qì gài	cì gài	spirit
	勁	45	jìng	jìng	powerful
	使勁	45	shǐ jìng	shǐh jìng	to strain
	航	45	háng	háng	to navigate
	回航	45	huí háng	huéi háng	to sail back
	航行	45	háng xíng	háng síng	to sail
	腥	45	xīng	sing	raw
	腥味	45	xīng wèi	sing wèi	an offensive smell
	叉	45	chā	cha	cross
	魚叉	45	yú chā	yú cha	harpoon
	武	45	wǔ	wǔ	force
	武器	45	wǔ qì	wǔ cì	weapons
	抗	45	kàng	kàng	to resist
	對抗	45	duì kàng	duèi kàng	opposition
	剩	45	shèng	shèng	to remain
	剩下	45	shèng xià	shèng sià	the remainder
	副	45	fù	fù	a set ; secondary
	一副	45	yí fù	yí fù	a set
	挫	45	cuò	cuò	to defeat
	敗	45	bài	bài	to fail
	挫敗	45	cuò bài	cuò bài	failure
	孤	45	gū	gu	lonely

課次	字詞	課文頁碼	漢語拼音	通用拼音	英文解釋
	孤獨	45	gū dú	gu dú	solitude
9	涼	50	liáng	liáng	cool
	涼椅	50	liáng yǐ	liáng yǐ	summer chair
	悠	50	yōu	you	soft
	悠閒	50	yōu xián	you sián	leisurely
	泳	50	yǒng	yǒng	to swim
	游泳	50	yóu yǒng	yóu yǒng	to swim
	領	50	lǐng	lǐng	to lead
	帶領	50	dài lǐng	dài lǐng	to lead
	貢	50	gòng	gòng	to contribute
	貢獻	50	gòng xiàn	gòng siàn	contribution
	廟	51	miào	miào	temple
	廟宇	51	miào yǔ	miào yǔ	temple ; shrine
	雕	51	diāo	diao	to carve
	雕刻	51	diāo kè	diao kè	sculpture
	暇	51	xiá	siá	leisure
	目不暇給	51	mù bù xiá jǐ	mù bù siá jǐ	many things come into sight that the eyes are kept occupied
	串	51	chuàn	chuàn	to string together
	烤	51	kǎo	kǎo	to roast
	烤肉	51	kǎo ròu	kǎo ròu	to barbecue
	烘	51	hōng	hong	to bake
	烘焙	51	hōng bèi	hong bèi	to bake
	鴨	51	yā	ya	duck

課次	字詞	課文頁碼	漢語拼音	通用拼音	英文解釋
	齒	51	chǐ	chǐh	teeth
	口齒留香	51	kǒu chǐ lióu xiāng	kǒu chǐh lióu siang	very delicious
	仙	51	xiān	sian	fairy
	境	51	jìng	jìng	place
	仙境	51	xiān jìng	sian jìng	fairyland
	環境	51	huán jìng	huán jìng	environment
	返	51	fǎn	fǎn	return
	忘返	51	wàng fǎn	wàng fǎn	to forget to reture
10	芬	56	fēn	fen	sweet smell
	芬芳	56	fēn fāng	fen fang	fragrant
	懷	56	huái	huái	to hold
	懷裡	56	huái lǐ	huái lǐ	in one's arms
	懷抱	56	huái bào	huái bào	embrace
	陶	56	táo	táo	joyful
	陶醉	56	táo zuèi	táo zuèi	to be intoxicated
	村	57	cūn	cun	village
	莊	57	zhuāng	jhuang	farmhouse
	村莊	57	cūn zhuāng	cun jhuang	village
	鎮	57	zhèn	jhèn	town
	小鎮	57	xiǎo zhèn	siǎo jhèn	small town
	祥	57	xiáng	siáng	auspicious
	祥和	57	xiáng hé	siáng hé	peaceful
	嬉	57	xī	si	to play

課次	字詞	課文頁碼	漢語拼音	通用拼音	英文解釋
	嬉戲	57	xī xì	si sì	to have fun
	迴	57	húi	huéi	to turn
	迴盪	57	húi dàng	huéi dàng	to resound
	勤	57	qín	cín	diligent
	勤奮	57	qín fèn	cín fèn	industrious
	龐	57	páng	páng	huge ; face
	臉龐	57	liǎn páng	liǎn páng	face
	城	58	chéng	chéng	ctiy
	城市	58	chéng shì	chéng shìh	city
	銀	58	yín	yín	silver
	水銀燈	58	shuǐ yín dēng	shuěi yín deng	mercury lamp
	沿	58	yán	yán	along
	沿岸	58	yán àn	yán àn	along the coast
	凝	58	níng	níng	to freeze
	凝視	58	níng shì	níng shìh	to gaze
	憂	59	yōu	you	anxiety
	無憂	59	wú yōu	wú you	carefree
11	繁	64	fán	fán	many
	繁花	64	fán huā	fán hua	numerous flowers
	錦	64	jǐn	jǐn	brilliant
	錦繡	64	jǐn xiù	jǐn siòu	rich brocade; beautiful
	蔭	64	yìn	yìn	shade
	成蔭	64	chéng yìn	chéng yìn	to form the shade

附錄

課次	字詞	課文頁碼	漢語拼音	通用拼音	英文解釋
	樹蔭	64	shù yìn	shù yìn	the shade of trees
	楓	64	fēng	fong	maple
	楓紅	64	fēng hóng	fong hóng	maples turn red
	秋	64	qiū	ciou	autumn
	秋天	64	qiū tiān	ciou tian	autumn
	寒	64	hán	hán	cilly
	寒冷	64	hán lěng	hán lěng	cold ; cilly
	避	64	bì	bì	to avoid
	避免	64	bì miǎn	bì miǎn	to avoid
	哀	65	āi	ai	to grieve
	哀傷	65	āi shang	ai shang	sad
	鋸	65	jù	jyù	to saw
	鋸下	65	jù xià	jyù sià	to saw off
	製	65	zhì	jhìh	to make
	製作	65	zhì zuò	jhìh zuò	to produce
	柴	65	chái	chái	firewood
	火柴	65	huǒ chái	huǒ chái	match
	焦	65	jiāo	jiao	anxious ; burned
	焦急	65	jiāo jí	jiao jí	anxious
	沉	66	chén	chén	to sink
	沉重	66	chén zhòng	chén jhòng	heavy
	燒	66	shāo	shao	to burn
	燃	66	rán	rán	to light

課次	字詞	課文頁碼	漢語拼音	通用拼音	英文解釋
	燃燒	66	rán shāo	rán shao	to burn
	憶	66	yì	yì	to remeber
	回憶	66	huí yì	huéi yì	to recall
12	致	72	zhí	jhíh	to convey ; to cause
	景致	72	jǐng zhí	jǐng jhíh	scenes
	勾	72	gōu	gou	to evoke ; to mark
	勾起	72	gōu qǐ	gou cǐ	to evoke
	歲	72	suì	suèi	age
	歲月	72	suì yuè	suèi yuè	time
	撥	72	bō	bo	to dispel ; to move
	撥起	72	bō qǐ	bo cǐ	to move
	鉤	72	gōu	gou	hook
	皎	72	jiǎo	jiǎo	bright
	潔	72	jié	jié	clean
	皎潔	72	jiǎo jié	jiǎo jié	brightly clean
	宋	72	sòng	sòng	a Chinese family name
	宋朝	72	sòng dài	sòng dài	the Sung Dynasty
	蘇	72	sū	su	a Chinese family name
	蘇軾	72	sū shì	su shìh	Su Shih, renowned man of letters in Sung Dynasty.
	杯	72	bēi	bei	cup
	酒杯	72	jiǔ bēi	jiǒu bei	wine cup
	仰	72	yǎng	yǎng	to look up ; to admire
	仰望	72	yǎng wàng	yǎng wàng	to look up

課次	字詞	課文頁碼	漢語拼音	通用拼音	英文解釋
	盤	72	pán	pán	plate
	白玉盤	72	bái yù pán	bái yù pán	a plate as white as jade
	兄	73	xiōng	syong	elder brother
	兄弟	73	xiōng dì	syong dì	brothers
	團	73	tuán	tuán	sphere ; group
	團圓	73	tuán yuán	tuán yuán	reunion
	嬋	73	chán	chán	graceful
	嬋娟	73	chán juan	chán jyuan	moonlight

Memo

Memo

國家圖書館出版品預行編目資料

全新版華語：課本／蘇月英等著. --臺初版.
--臺北縣新店市：流傳文化, 民91
冊；　公分

ISBN 986-7397-16-9

1. 中國語言 - 讀本

802.85　　91016030

【全新版】華語第八冊

總 主 編◎蘇月英
編撰委員◎蘇月英、李春霞、胡曉英、詹月現、蘇　蘭
吳建衛、夏婉雲、鄒敦怜、林麗麗、林麗眞
指導委員◎信世昌、林雪芳
責任編輯◎李金瑛
插　　畫◎卓昆峰、章毓倩、吳嘉鴻、朱美靜、鍾燕貞、張河泉、范育園
攝　　影◎鄧博文
美術設計◎陳美霞
發 行 人◎曾高燦
出版發行◎流傳文化事業股份有限公司
地　　址◎臺北縣 (231) 新店市復興路 43 號 4樓
電　　話◎(02)8667-6565
傳　　眞◎(02)2218-5221
郵撥帳號◎19423296
網　　址◎http://www.ccbc.com.tw
E-mail:service@ccbc.com.tw
香港分公司◎集成圖書有限公司－香港皇后大道中283號聯威商業中心8字樓C室
TEL：(852)23886172-3・FAX：(852)23886174
美國辦事處◎中華書局－135-29 Roosevelt Ave. Flushing, NY 11354 U.S.A.
TEL：(718)3533580・FAX：(718)3533489
日本總經銷◎光儒堂－東京都千代田區神田神保町一丁目五六番地
TEL：(03)32914344・FAX：(03)32914345

出版日期◎西元 2005 年 3 月臺初版(50094)
西元 2008 年 3 月臺初版七刷
印　　刷◎世新大學出版中心

分類號碼◎802.85.029
ISBN 986-7397-16-9

定　　價：120 元